Sabine Gehlen

Seelenkonfekt

Gebete und Texte der Zuversicht

Herstellung und Verlag:

BoD - Books on Demand, Norderstedt
ISBN: 978-3-8482-2633-7

Coverbild: Poesie
               Acryl/Siebdruck/Leinwand
               barbarabaumeister.de

Sabine Gehlen

Seelenkonfekt

Gebete und Texte der Zuversicht

Einleitung

Fünf Uhr morgens. Der Tag ist noch unberührt, alles scheint möglich zu sein. Was wird heute auf mich zukommen? Wird es ein schöner Tag werden? Werde ich gute Begegnungen haben, Begegnungen in Freundschaft, in Offenheit, in Liebe, oder werde ich mich schwierigen Auseinandersetzungen stellen müssen? Ist es ein Tag im Kampf oder ein Tag in Liebe?

Bevor mein Verstand wieder anfängt mich einzuschränken und mich auf zu erbringende Leistungen und auf noch zu erledigende Aufgaben zu reduzieren, erlaube ich meiner Seele ganz bewusst eine kleine Atempause: Ich schlage willkürlich die Bibel auf und lese eine Überschrift, ein paar Sätze oder einen kleinen Abschnitt. Das ist so spannend! Welcher Satz will mich gerade heute erreichen? Welche Botschaft hält Gott heute für mich bereit?

Ich bin kein Bibelkenner, ganz und gar nicht. Aber ich liebe Gottes Worte, sie sind köstlichstes Seelenkonfekt!

Mit diesem Buch lade ich Sie ein zu einer kleinen, inneren Einkehr, zu einem Atemzug der Besinnung, zu einem „Pausensnack" für die Seele in Form von Gedichten, Aphorismen und Affirmationen, geboren aus der Inspiration, die ich durch die aufgeführten Bibelzitate erhielt.

Schließen Sie die Augen, schlagen Sie willkürlich eine Seite auf und greifen Sie blind in die Bonboniere der Seelensprüche. Genießen Sie das Konfekt, genießen Sie diesen Augenblick der inneren Einkehr, der Ruhe, der Besinnung. Lassen Sie sich berühren von dem Text, den Sie auf diese Weise intuitiv gewählt haben.

An manchen Stücken mag man zu knabbern haben, andere wiederum werden einfach nur himmlisch im Munde zergehen.

Seelenkonfekt – zubereitet mit Liebe und Gottvertrauen. Gott segne Sie!

*Vertraue Gott deine Pläne an, er wird dir
Gelingen schenken.*

(Sprüche 16, 3)

„Let go – Let God" Irgendwo habe ich diesen Spruch einmal gehört, ich glaube, es ist Jahre her. Aber heute, heute erwache ich mit genau dieser Botschaft: let go – let God, was so viel heißt wie: lasse los – überlasse es Gott!

„Lasse los – überlasse es Gott", das ist sicherlich die mit Abstand kürzeste und gleichzeitig weiseste Lebensanleitung. Let go – let God bedeutet für mich: Lasse alle deine Sorgen und Nöte los und lege sie in Gottes Hände, lasse Gott durch dich handeln. Es bedeutet für mich: Höre weniger auf dein Ego und dafür mehr auf deine Seele. Verzweifle nicht, du bist nicht allein. In der Hingabe an Gott wirst du zur rechten Zeit für jedes Problem eine geeignete Lösung finden. Ich habe viele Wünsche und Pläne. Manche verwirklichen sich, andere schlagen gründlich fehl. Nur <u>die</u> Pläne werden sich verwirklichen, die den <u>wahren</u> Seelenaufgaben entsprechen, aber: Was begreift mein begrenzter Verstand schon von meiner Seele und ihrem Auftrag?

Meine Wünsche kann ich enthüllen,
Gott wird die RICHTIGEN erfüllen.

LET GO – LET GOD

Jedes Ereignis, alles auf der Welt hat seine Zeit: Geboren werden und Sterben, Pflanzen und Ausreißen, Töten und Heilen, Niederreißen und Aufbauen, Weinen und Lachen, Klagen und Tanzen, Steine werfen und Steine sammeln, Umarmen und Loslassen, Suchen und Finden, Aufbewahren und Wegwerfen, Zerreißen und Zusammennähen, Reden und Schweigen, Lieben und Hassen, Krieg und Frieden.

(Salomo 3, 1-8)

Ganz bewusst nehm' ich sie nun an,

die Dinge, die ich nicht ändern kann.

Ich akzeptiere auch das Leid,

Annahme ist es, die mich befreit.

Denn: um etwas loszulassen,

muss ich es zuvor erst FASSEN.

Alles im Leben hat seine Zeit,

für Erfahrungen bin ich bereit.

Gutes und Schlechtes durchleben und lieben,

belohnt mit innerem Seelenfrieden.

*

Mich begleiten alle Zeit

Frieden und Gelassenheit.

Eine große Menschenmenge folgte Jesus, als er vom Berg herabstieg. Da kam ein Aussätziger und fiel vor Jesus nieder: „Herr, wenn du willst, kannst du mich heilen!“ Jesus streckte die Hand aus, berührte ihn und sagte: „Ich will es tun! Sei gesund!“ Im selben Augenblick war der Mann von seiner Krankheit geheilt.

(Matthäus 8, 1-3)

Ich weiß, dass Heilung möglich ist, ich weiß, dass mein Körper regenerieren kann. Der feste Glaube an Genesung kann meine inneren Heilkräfte stärken.

Heute entscheide ich mich ganz bewusst dafür, an meine Heilung zu glauben. Ich lenke meine Energie nun weg vom Schmerz und hin zu Heilung und Wohlbefinden. Ich danke meinem Körper für alle Funktionen, die intakt sind.

Wenn ich körperliche oder seelische Probleme habe, die ich nicht allein bewältigen kann, dann finde ich Menschen, die mir weiterhelfen können. Ich vertraue darauf.

Gott wirkt durch einen jeden von uns. Ich bekomme die Hilfe, die jetzt für mich richtig ist. Heilenergie erfüllt mich mehr und mehr. Gott ist mit mir.

*

Alles leg' ich in Gottes Hände,
seine Hilfe bringt die Wende.

Doch ich segne jeden, der mir ganz und gar vertraut. Er ist wie ein Baum, der nah am Bach steht und seine Wurzeln zum Wasser streckt: Die Hitze fürchtet er nicht, denn seine Blätter bleiben grün. Auch wenn ein trockenes Jahr kommt, sorgt er sich nicht, sondern trägt Jahr für Jahr Frucht.

(Jeremia 17, 7-8)

Ich vertraue auf Heute,
ich vertraue auf Morgen.

Ich gehe gelassen
durch Kummer und Sorgen.

Denn was ich auch tue,
ich bin nicht allein.

Gottes Liebe
hüllt mich ein.

Gott nährt die Seele
zu jeder Zeit.

Urvertrauen
ist mein Geleit.

Schwierigkeiten
werde ich meistern.

Gottes Worte
können begeistern.

Ein neuer Tag
wird Reife bringen.

Gute Lösungen
werden gelingen.

So erfüllte sich, was im Buch des Propheten Jesaja steht: „Ein Bote wird in der Wüste rufen: Macht den Weg frei für den Herrn! Räumt alle Hindernisse weg. Jedes Tal soll aufgefüllt, jeder Berg und Hügel abgetragen werden, krumme Wege sollen begradigt und holprige Wege eben werden! Dann werden alle Menschen sehen, wie Gott Rettung bringt!"

(Lukas 3, 4-6)

Hindernisse und Stolpersteine begegnen mir auf meinem Lebensweg. Es sind Aufgaben, an denen ich wachsen kann.

Auch wenn ich mich für das Hindernis selbst nicht verantwortlich fühle, so übernehme ich doch nun ganz bewusst die Verantwortung für meine Reaktion darauf.

Ich werde etwas verändern, etwas klarstellen, etwas korrigieren oder vielleicht auch eine ganz andere Richtung einschlagen und etwas Neues beginnen.

Heute mache ich bewusst etwas ANDERS als sonst.

Auf diese Weise mache ich neue Erfahrungen und erkenne neue Möglichkeiten.

*

Heute werde ich etwas wagen,
Gottes Liebe wird mich tragen.

Wenn es dir gut geht, dann freu dich über dein Glück, und wenn es dir schlecht geht, dann bedenke: Gott schickt dir beides, und du weißt nie, was die Zukunft bringen wird.

(Salomo 7, 14)

Es tut wohl, im Glück zu leben,
alle Wege scheinen eben.

Doch dann, auf einmal: ein Schicksalsschlag,
Schmerzen, Verlust – ein schwarzer Tag.

Probleme und Sorgen machen sich breit,
vergiften wertvolle Lebenszeit.

Man fängt an zu hadern und zu hassen,
man fühlt sich so ganz von Gott verlassen.

Bitte um Hilfe, sei bereit,
Gott schickt Erlösung zur rechten Zeit.

Alles wird gut – vertraue – begreife:
Schwere Zeiten belohnen mit Reife.

*

Ich vertraue darauf, dass sich alles fügt,
ich werde geführt, beschützt und geliebt.

*Nun aber seid ihr nicht länger eurem
selbstsüchtigen Wesen ausgeliefert, denn Gottes
Geist bestimmt euer Leben – schließlich wohnt
er ja in euch! Seid euch darüber im Klaren:
Wer den Geist Christie nicht hat, der gehört
auch nicht zu ihm.*

(Römer 8, 9)

Gottes Geist bestimmt unser Leben, schließlich wohnt er ja in uns. Eine mutige Aussage! Stimmt sie? In manchen Situationen mag man daran zweifeln, man zweifelt an sich selbst und man zweifelt an anderen. Wenn man ungerecht behandelt oder verletzt wird, dann kann man Gottes Geist in dem Menschen, der einen verletzt hat, nicht erkennen. Doch wenn Schmerz und Empörung abklingen, dann lässt sich erkennen, dass sich durch die bittere Erfahrung bedingt etwas verändert hat: Man lernt, mit schwierigen Situationen umzugehen und über sich selbst hinauszuwachsen.

Ja, es stimmt, Gottes Geist wohnt in JEDEM von uns. Manchmal verletzt man andere, manchmal wird man verletzt, manchmal ist man Täter, manchmal Opfer. Beide Rollen beinhalten die Möglichkeit, das Geschehene in Erfahrungen umzuwandeln, die Erkenntnis und Reife bringen. Verletzung beinhaltet die Erfahrung „Vergebung". Vergebung ist gelebte Liebe!

*

Ich vergebe mir und dir
Gottes Liebe ermöglicht es mir.

So waren nun Himmel und Erde erschaffen, und nichts fehlte mehr. Am siebten Tag hatte Gott sein Werk vollendet und ruhte von seiner Arbeit aus. Darum segnete er den siebten Tag und sagte: „Dies ist ein ganz besonderer, heiliger Tag! Er gehört mir."

(1. Mose Genesis 2, 1-3)

Sonntagmorgen, die Welt ist noch still,

sinnier' ich darüber, was Gott von mir will.

Ich liege wach, will im Nichtstun verweilen,

nur die Gedanken, sie wandern und eilen.

Immer gibt es etwas zu tun,

zu wenig Zeit, um auszuruh'n.

Ganz bewusst halt' ich heute inne,

heilsame Zeit - für Herz und Sinne.

*

Heute werde ich inne halten,

und Lebens(t)räume neu gestalten.

Jesus sagte zu seinen Jüngern: „Macht euch keine Sorgen um euren Lebensunterhalt, um Essen und Kleidung. Leben bedeutet mehr als Essen und Trinken, und der Mensch ist wichtiger als seine Kleidung.

Seht euch die Raben an! Sie säen nichts und ernten nichts, sie haben keine Vorratskammern und keine Scheunen; aber Gott versorgt sie doch. Meint ihr nicht, dass ihr ihm viel wichtiger seid?

(Lukas 12, 22-24)

Ich blick' auf mein Leben in Zuversicht,

ich weiß genau:

Gott verlässt mich nicht!

Er ist immer da, ist mir immer nah,

er leitet mich sicher

durch jede Gefahr.

Schwere Zeiten werden weichen,

mit Gott werde ich

meine Ziele erreichen.

*

In Gottes Liebe wohlig geborgen

begrüße ich heiter den neuen Morgen.

Der Glaube ist der tragende Grund für das, was man hofft: Im Vertrauen zeigt sich jetzt schon, was man noch nicht sieht.

(Hebräer 11, 1)

Glauben und Hoffen – starke Kräfte. Wenn ich glaube, etwas schaffen zu können, dann mobilisiere ich alle Energien, um mein Ziel zu erreichen.

Wenn ich glaube, etwas NICHT schaffen zu können, dann blockiere ich mich mit diesem Gedanken automatisch selbst.

Warum sollte ich das tun?

Ich glaube an gutes Gelingen bei allen Dingen. Ich vertraue darauf, dass sich jederzeit alles zum Besten fügen wird.

*

Ich vertraue auf gutes Gelingen,
werd' mich auf starke Kräfte besinnen.

Meine Hoffnungen werden nicht weichen,
die RICHTIGEN Ziele werd' ich erreichen.

Als aber einige Schriftgelehrte, die zur Partei der Pharisäer gehörten, Jesus in dieser Gesellschaft essen sahen, fragten sie seine Jünger: „Wie kann sich euer Jesus bloß mit solchem Gesindel einlassen!" Jesus hörte das und antwortete: „Die Gesunden brauchen keinen Arzt, sondern die Kranken. Ich bin gekommen, um Menschen in die Gemeinschaft mit Gott zu rufen, die ohne ihn leben – und nicht solche, die sich sowieso an seine Gebote halten."

(Markus 2, 16-17)

Die eigene Seele in Liebe betrachten,

mich selber, trotz meiner Fehler, achten.

Ich weiß es lang: Ich bin nicht perfekt,

es gibt so Vieles, was in mir steckt.

Meine Schwächen kann ich nicht leiden,

doch Fehler lassen sich nicht vermeiden.

Gott liebt mich immer, egal wie ich bin,

auch Fehler und Schwächen haben Sinn.

*

Schwäche kann sich in Stärke wandeln,

ich gebe mich hin, dem göttlichen Handeln.

Jesus antwortete ihm: „Du sollst den Herrn, deinen Gott, lieben von ganzem Herzen, mit ganzer Hingabe und mit deinem ganzen Verstand!" Das ist das erste und wichtigste Gebot. Ebenso wichtig ist aber das zweite: „Liebe deinen Mitmenschen wie dich selbst!"

(Matthäus 22, 37-39)

Mich selbst lieben? Wie geht das denn? Leichter gesagt als getan!

Meine Unzulänglichkeiten begleiten mich täglich, ich kenne meine Schwächen und Fehler. Mich selbst so lieben wie ich bin – das ist schwer!

Wir alle sind Geschöpfe Gottes. Der Herr liebt seine Geschöpfe - er liebt uns ALLE, genauso wie wir sind: mit Schwächen und Fehlern!

Liebe nimmt an, Liebe heilt, Liebe verzeiht. Gott IST Liebe! Lasse ich den göttlichen Funken in mir wirken, dann kann sich die Liebe in mir ausbreiten.

Ja, ich will lieben! Wenn ich mich mit all' meinen Unzulänglichkeiten lieben lerne, dann kann ich auch andere mit ihren Schwächen bedingungslos lieben.

Wenn ich lerne, mir selbst zu vergeben, dann bin ich auch fähig, anderen zu vergeben.

Und weiter sagte er: Alles ist in Erfüllung gegangen. Ich bin der Anfang und das Ziel, das A und das O. Allen Durstigen werde ich Wasser aus der Quelle des Lebens schenken. Wer durchhält und den Sieg erringt wird dies alles besitzen. Ich werde sein Gott sein, und er wird mein Kind sein.

(Offenbarungen 21, 6-7)

Gottes Werk, es ist vollbracht,

er hat Himmel und Erde gemacht.

Er schuf den Tag, er schuf die Nacht,

durch ihn ist alles zum Leben erwacht.

Von Anfang bis in Ewigkeit,

ist Gott mit uns, gibt uns Geleit.

Gott macht uns Lebenswege klar,

denn Gott ist Alpha und Omega.

*

Ich sehe neue Möglichkeiten,

Gottes Liebe wird mich leiten.

Aber auch das sage ich euch: Wenn zwei von euch hier auf der Erde meinen Vater im Himmel um etwas bitten wollen und darin übereinstimmen, dann wird er es ihnen geben. Denn wo zwei oder drei in meinem Namen zusammenkommen, bin ich in ihrer Mitte.

(Matthäus 18, 19-20)

Jesus mitten unter uns – ein schöner Gedanke. Doch wie sollen wir seine Präsenz erkennen? Wir können ihm nicht die Hände zur Begrüßung schütteln, wir können ihn nicht in die Arme nehmen, wir können ihn visuell nicht wahrnehmen. Ist er gerade jetzt hier bei uns?

Eine Selbsthilfegruppe kommt zu einem Gespräch zusammen. Alle leiden unter derselben Krankheit, man tauscht sich aus, gibt Tipps und Rat. Eine Dame fehlt an diesem Abend, es geht ihr zu schlecht, sie kann nicht teilnehmen. Betroffenheit. Was können wir tun? Impulsiv fassen wir uns alle an den Händen, bilden einen Kreis, schließen die Augen, denken an sie. Und dann, aus heiterem Himmel, ruft einer laut in die Stille hinein: „Heil und Segen für …“ Ein zweiter Teilnehmer stimmt mit ein, und plötzlich sagen alle „Heil und Segen für …“ Wir wiederholen die Worte immer und immer wieder, je öfter wir sie wiederholen, desto tiefer spüren wir ihre Dynamik. Und dann, ja, dann spüren wir auf einmal Jesus. Wir spüren seine Schwingung, seine wohltuende Präsenz, seine Heil bringende Liebe. Wir WISSEN, er ist mit uns, wir WISSEN, Jesus hilft. Jetzt!

Singt dem Herrn ein neues Lied, und rühmt ihn überall auf der Welt. Besingt ihn, ihr Seefahrer und ihr Bewohner der Inseln und fernen Küsten! Auch die Wüste und ihre Bewohner sollen in das Lied mit einstimmen. Singt und jubelt, ihr Beduinen von Kedar! Ihr aus dem Bergland, steigt auf die Gipfel, und jubelt ihm zu! Ihr alle – gebt dem Herrn die Ehre, und verkündet den Bewohnern der fernen Inseln, was für unfassbare Taten er vollbracht hat!

(Jesaja 42, 10-12)

Ich will dich preisen, will dir ein Lied singen,

du, Herr, bringst meine Seele zum Schwingen.

Du, großer Gott, begegnest mir,

in Himmel, Erde, Mensch und Tier.

Jeder Stein, jede Blume erzählt von dir,

deine Liebe lebt auch in mir.

Allem hauchst du Leben ein,

lass mich in dir geborgen sein.

So manchem Problem muss ich mich stellen,

doch du, Herr, wirst mir die Sicht erhellen.

Du bist immer bei mir, an jedem Ort,

nimmst Ängste und Sorgen von mir fort.

Jeder Atemzug trägt deinen Namen,

ich liebe dich, Herr, in Ewigkeit – Amen!

*Denn Gott hat seine Engel ausgesandt, damit
sie dich schützen, wohin du auch gehst. Sie
werden dich auf Händen tragen, und du wirst
dich nicht einmal an einem Stein verletzen!*

(Psalm 91, 11-12)

Ich schließe die Augen und sehe sie kommen,

sie bringen Hoffnung und Schutz und Wonnen.

Manche von ihnen ganz klein und zart,

streicheln die Seele auf himmlische Art.

Andere stark, mit Präsenz und Macht,

haben sie Heil und Erlösung gebracht.

Stecke ich fest, dann lad' ich sie ein,

Engel mögen Begleiter sein.

Ich öffne mein Herz für ihre Schwingung,

so komme ich wieder zur Besinnung.

Als Gottes Gesandte erkenne ich sie,

wohlig genieß' ich die Energie.

Sie machen mich ruhig, sie machen mich still,

sie helfen erkennen, was Gott von mir will.

Kein Stein mehr, keine hindernde Schranke,

ich umarme die Engel und flüstere: DANKE

Genauso ist es beim Reden in unbekannten Sprachen. Wenn ihr unverständlich redet, wird euch niemand verstehen. Ihr redet gegen den Wind. Es gibt auf der Welt unzählige Sprachen, und alle haben ihren Sinn. Wenn ich aber die Sprache eines anderen Menschen nicht kenne, können wir uns nicht verständigen.

(1. Korinther 14, 9-11)

Worte können sein wie Waffen,

Worte können Gräben schaffen.

Worte können tief verletzen,

Worte können Frieden zerfetzen.

Worte können Kummer verhindern,

Worte können Schmerzen lindern.

Worte zaubern Sonnenschein,

Worte können Segen sein.

*

Herr, lass' mich verständlich sprechen.

Herr, lass' mich Barrieren brechen.

Großer Gott, sprich' DU durch mich,

denn DEINE Worte bringen Licht.

Das ist jetzt Wirklichkeit geworden, denn unser Retter Jesus Christus ist gekommen. Das ist die rettende Botschaft: Er hat dem Tod die Macht genommen und das Leben - unvergänglich und ewig – ans Licht gebracht.

(2. Timotheus 1, 10)

Fliegen, schweben, Leichtigkeit,

Sehnsüchte in schwerer Zeit.

Wünsche melden sich vehement,

Hoffnung, dass der Schmerz verbrennt.

Das Herz ist schwer, die Seele trauert,

Lebensfreude – eingemauert.

Ein Mensch, den ich liebte, ist gestorben,

ich fühl' mich leer, nicht mehr geborgen.

Sie war so schön, die gemeinsame Zeit,

jetzt spüre ich nur noch Einsamkeit.

Ich suche Trost in einem Gebet:

Herr, schicke Wind, der die Wolken verweht!

Trauer und Schmerzen mögen schwinden,

Herr, lass' mich neuen Lebensmut finden.

Glücklich sind die Barmherzigen, denn sie werden Barmherzigkeit erfahren.

(Matthäus 5, 7)

Barmherzigkeit – der Begriff scheint aus unserer Welt verschwunden zu sein. BarmHERZigkeit – das Wort HERZ liegt mittendrin. Barmherzigkeit steht für Herzensgüte, Milde, Nachsicht, Gnade – Seelennahrung im Alltag.

Gott ist barmherzig – warum sind wir es so wenig im täglichen Miteinander? Um wie Vieles einfacher wäre doch der Umgang untereinander, wenn er von gegenseitiger Milde, Nachsicht und Gnade inspiriert wäre.

Jesus sagt: „Glücklich sind die Barmherzigen, denn sie werden Barmherzigkeit erfahren". Das ist eine Aufforderung, das ist eine klare Lebensanleitung: Wenn du glücklich sein willst, dann versteife dich nicht darauf, in allen Dingen Recht zu haben, sondern lasse Nachsicht und Milde walten.

Wir alle machen Fehler. Gerade <u>dann</u> ist es wohltuend und heilsam, auf Verständnis zu stoßen und Herzensgüte zu erfahren.

*Erbarme dich über mich, o Gott, erbarme dich!
Bei dir suche ich Zuflucht, bei dir bin ich
geborgen wie ein Küken, das sich unter die
Flügel seiner Mutter flüchtet, bis das Unwetter
vorbeigezogen ist. Zu Gott, dem Höchsten,
schreie ich, zu ihm, der meine Not wendet und
alles zu einem guten Ende führt.*

(Psalm 57, 2-4)

Ausweglos war meine Qual,

bis ich mich ganz Gott befahl.

Barmherzigkeit in schweren Stunden,

ich habe sie in Gott gefunden.

Von sanftem Sonnenstrahl berührt,

Liebe, die in Lösung führt.

Vertrauensvoll warten und stille sein,

Gott wird mich aus der Not befrei'n.

Alle Unwetter ziehen vorbei,

Gottes Güte macht mich frei.

Seelenfrieden kehrt wieder ein,

in Gott darf ich geborgen sein.

Jesus blieb stehen und ließ den Mann zu sich führen. Dann fragte er ihn: „Was soll ich für dich tun?" „Herr", flehte ihn der Blinde an, "ich möchte sehen können!" „Du sollst wieder sehen!" sagte Jesus zu ihm. „Dein Glaube hat dir geholfen." Im selben Augenblick konnte der Blinde sehen. Er ging mit Jesus und lobte Gott. Zusammen mit ihm lobten und dankten alle, die seine Heilung miterlebt hatten.

(Lukas 18, 40-43)

Wie oft sind wir blind. Wir sehen den Wald vor lauter Bäumen nicht. Der Alltag ist oft eine schwierige Herausforderung. Anforderungen, Zwänge, Aufgaben türmen sich zu einer oft unüberwindlichen Mauer auf. Ich möchte über diese Mauer schauen können, was liegt wohl dahinter? Ich stelle mir eine Wiese vor, auf der ich liege. Nichts muss erledigt werden, einfach nur so daliegen, im weichen Gras, die Sonne genießen, die Vögel singen hören, den Eichhörnchen beim Klettern zuschauen, still sein. Frieden. „Herr, ich möchte sehen können." „Du sollst wieder sehen" sagt Jesus. Und dann kommt mir ganz plötzlich dieser Satz in den Sinn: „Liebe, was ist!"

„Liebe, was ist!" Augen auf für das Schöne im Alltag – wie blind bin ich bisher dafür gewesen. Anstatt zu denken, was alles besser sein müsste, konzentriere ich mich nun darauf, was alles schon GUT ist – ich richte meinen Blick nicht mehr auf die Mängel, sondern auf die Fülle und Schönheit dessen, was IST.

*

Herr, hilf mir meinen Blick zu weiten,
lass' mich Gutes erkennen in allen Zeiten.

Ich aber bete zu dir, Herr! Jetzt ist die Zeit gekommen, in der du mich erhören wirst! Antworte mir! Du hast so viel Gutes für mich bereit! Ich rechne fest mit deiner Hilfe.

(Psalm 69, 14)

Um fünf Uhr morgens Kekse essen,

in Gottes Obhut Sorgen vergessen.

Frei sein für den neuen Tag,

ganz egal, was kommen mag.

Jeder Morgen ein Neubeginn,

Öffnung für den Lebenssinn.

Egal, was heute auch geschieht,

ich bin gelassen, weil Gott mich liebt.

*

Ich vertraue auf Gottes Geleit,

jetzt und hier und alle Zeit.

Du aber, mein lieber Timotheus, gehörst zu Gott und dienst ihm. Deshalb meide all diese Dinge. Bemühe dich vielmehr mit aller Kraft darum, das Richtige zu tun, Gott zu dienen, ihm zu vertrauen und deine Mitmenschen von ganzem Herzen zu lieben. Begegne ihnen mit Geduld und Freundlichkeit.

(1. Timotheus 6, 11)

Allerheiligen - ein grauer Tag, dunkel, wolkenverhangen, es hört nicht auf zu regnen. Allerheiligen - ein Feiertag, ein Tag zum Innehalten. Das Gedenken an die Toten erinnert unweigerlich an die Endlichkeit des eigenen Lebens. Wie viel Zeit bleibt mir noch? Erfülle ich meinen Lebensauftrag? Bin ich gut genug?

Ich bin so erschöpft, so müde. Es kostet mich so viel Kraft, tagein-tagaus „gut" zu sein. Ich bin maßlos in meinem Bemühen für andere da zu sein. Wenn ich mich weiterhin so überfordere, dann nutze ich im Endeffekt niemandem mehr.

Im Fernsehen läuft ein Beitrag zu Allerheiligen: Wir brauchen uns Gottes Liebe nicht zu „verdienen", wir HABEN sie schon! Wir müssen nicht alle zu Heiligen werden. Es genügt, in kleinen Dingen achtsam und gütig zu sein. So, wie es unsere Lebenssituation und unsere Kraft erlaubt.

Ich kann die Welt nicht retten. Ich schaffe nicht alles, was ich mir vorgenommen habe. Aber: Ich kann hier und da ein Licht anzünden - und das will ich tun - jetzt!

Ja, ich sage euch: Um was ihr auch bittet – glaubt fest, dass ihr es schon bekommen habt, und Gott wird es euch geben! Aber wenn ihr ihn um etwas bittet, sollt ihr vorher den Menschen vergeben, mit denen ihr nicht zurechtkommt. Dann wird euch der Vater im Himmel eure Schuld auch vergeben.

(Markus 11, 24-25)

Vergebung ist eine erlösende Kraft,

Vergebung befreit aus Gefangenschaft.

Begreifen in Stille und Geduld,

KEINER von uns ist ohne Schuld.

Schuld erfahren macht nur Sinn,

führt sie zu Vergebung hin.

Vergebung löst die Schuld ganz auf,

göttliche Liebe nimmt ihren Lauf.

Sich selbst und anderen vergeben,

bringt Freiheit und Liebe zurück ins Leben.

*Vor allem aber lasst nicht nach, einander zu
lieben. Denn „Liebe sieht über Fehler hinweg"*

(Petrus 4, 8)

In mir will die Liebe leben,

Liebe leben, das heißt: geben.

Nicht laut nach Vergeltung schreien,

lieber üben: zu verzeihen.

Fehler mache ich selbst genug,

daran haften wäre Betrug.

Betrug am Leben in seinem Glanz,

ich stell' mich dem Leben, voll und ganz.

Ich möchte wieder Herzen erreichen,

Liebe lässt die Schuld nun weichen.

Jesus hat es mir gezeigt,

Liebe ist's, die immer bleibt.

Verzeihen macht die Seele leicht,

die Liebe hat ihr Ziel erreicht.

*Es ist nicht so wichtig, wer pflanzt und
wer begießt; wichtig ist allein Gott, der
euren Glauben wachsen lässt. Von Gottes
Mitarbeitern ist einer so notwendig wie der
andere, ob er nun das Werk beginnt oder
weiterführt. Jeder wird von Gott den gerechten
Lohn für seine Arbeit bekommen.*

(Korinther 3, 7-8)

An großen und an kleinen Sachen,
mögen wir unser Leben entfachen.

Was wir auch tun, ob traurig, ob heiter,
wir ALLE sind Gottes Mitarbeiter.

Manche Taten sind weltbewegend,
die Anerkennung glückserregend.

Doch oftmals fühlt es sich so an,
als ob man so gar nichts bewirken kann.

Der Alltag lässt uns schnell verzagen,
wir haben Angst, etwas Neues zu wagen.

Wie soll uns denn gutes Leben gelingen,
wenn wir uns nicht auf Gott besinnen?

Ob man nun pflanzt oder begießt,
wichtig ist, dass die Liebe fließt.

Liebe, Mitgefühl, Akzeptanz,
bringen in jedes Leben Glanz.

*

Du wirst gebraucht, geschätzt, geliebt.
Es ist so schön, dass es dich gibt!

Aber dennoch: Mitten im Leid triumphieren wir über alles durch die Verbindung mit Christus, der uns so geliebt hat. Denn ich bin ganz sicher: Weder Tod noch Leben, weder Engel noch Dämonen, weder Gegenwärtiges noch Zukünftiges, noch irgendwelche Gewalten, weder Hohes noch Tiefes oder sonst irgendetwas können uns von der Liebe Gottes trennen, die er uns in Jesus Christus, unserem Herrn, schenkt.

(Römer 8, 37-39)

Trotz Tageslicht plötzliche Dunkelheit,
schwere, schmerzhafte, einsame Zeit.
Der Körper scheint für die Seele zu klein,
wie gern' würde sie in Freiheit sein.
Unverständnis nicht weiter ertragen,
den Schritt in die Erlösung wagen.

Das Leben, fast wär' es in mir zerronnen,
doch gerade dann hieß Gott mich willkommen.
Er sandte ein Wunder, ganz still über Nacht,
hat er wieder Frieden in mein Herz gebracht.
Was bleibt ist ein dumpfer, ein weher Schmerz,
noch ist es nicht vollkommen frei mein Herz.
Doch Schwermut wird nicht länger verweilen,
Verletzung kann nun mehr und mehr heilen.

Lebendigkeit zieht mich in ihren Bann,
ganz vorsichtig nähere ich mich ihr an.
Zaghaft kommen mir Bilder hoch:
Leben annehmen lohnt sich doch!
Es ist ein Geschenk, das Größte vielleicht,
welches mich durch Gottes Gnade erreicht.
Es ist eine Chance, zu wachsen, zu reifen,
es gibt mir Gelegenheit, zu begreifen.
Lachen und lieben - mit allen Sinnen,
fallen, aufstehen - von vorne beginnen!

Wen kann man zu den Weisen zählen? Wer versteht es, das Leben richtig zu deuten? Ein weiser Mensch hat ein fröhliches Gesicht, alle Härte ist daraus verschwunden.

(Salomo 8, 1)

„Ein weiser Mensch hat ein fröhliches Gesicht, alle Härte ist daraus verschwunden." Ja, es stimmt: Ein weiser Mensch ist voller Güte. Weisheit und Güte, sie liegen nah beieinander.

Um in Weisheit zu promovieren muss man nur ein einziges Studienfach belegen: das Leben selbst! Unverzichtbare Voraussetzungen zum Studium sind die eigenen Fehler, die es zu betrachten gilt. Das erste Diplom liegt in der Selbstvergebung der eigenen Unzulänglichkeit. Das zweite Diplom liegt in der Herzensgüte, auf Grund der eigenen Erfahrungen auch anderen ihre „Vergehen" verzeihen zu können. Das dritte Diplom liegt in der Erkenntnis, dass alles von Gott geführt ist und einen Sinn macht, selbst wenn dieser auf Anhieb nicht erkennbar sein sollte. Ein Studiengang auf Lebenszeit! Wenn man den Empfehlungen des himmlischen Skriptes Folge leistet, dann sind die Diplome so gut wie sicher. Welche Empfehlungen das sind?

1. Liebe
2. Liebe
3. Liebe

Ein weiser Mensch handelt aus Liebe in Liebe!

Dabei ist mir klar, dass ich dies alles noch lange nicht erreicht habe, dass ich noch nicht am Ziel bin. Doch ich setze alles daran, das Ziel zu erreichen, damit der Siegespreis einmal mir gehört, wie ich jetzt schon zu Jesus Christus gehöre. Wie gesagt, meine lieben Brüder und Schwestern, ich weiß genau: Noch habe ich den Preis nicht in der Hand. Aber eins steht fest: Ich will alles vergessen, was hinter mir liegt, und schaue nur noch auf das Ziel vor mir. Mit aller Kraft laufe ich darauf zu, um den Siegespreis zu gewinnen, das Leben in Gottes Herrlichkeit. Denn dazu hat uns Gott durch Jesus Christus berufen.

(Philipper 3, 12-14)

Ich stelle eine Kerze auf,
ein neuer Tag nimmt seinen Lauf.

Bedächtig zünde ich sie an,
ihr Licht zieht mich in ihren Bann.

Gedanken kommen, Gedanken gehen,
es fällt mir schwer, wirklich klar zu sehen.

Was soll ich tun, ich bin verwirrt,
Lebensanleitung im Chaos verirrt.

Doch Chaos ist auch eine Gnade,
denn es eröffnet neue Pfade.

Neue Pfade, von Gott geführt,
Himmlische Liebe, die mich berührt.

Lebensfluss kann nicht gelingen,
halte ich fest an alten Dingen,

Besser ist es, loszulassen,
so können neue Chancen fassen.

Zuwenig hatte ich Gott vertraut,
mir wertvolle Chancen so verbaut.

Doch heute bin ich guten Mutes,
„Es gibt nichts Gutes, außer man tut es“

Liebe ist geduldig und freundlich. Sie ist nicht verbissen, sie prahlt nicht und schaut nicht auf andere herab. Liebe verletzt nicht den Anstand und sucht nicht den eigenen Vorteil, sie lässt sich nicht reizen und ist nicht nachtragend. Sie freut sich nicht am Unrecht, sondern freut sich, wenn die Wahrheit siegt. Liebe ist immer bereit zu verzeihen, stets vertraut sie, sie verliert nie die Hoffnung und hält durch bis zum Ende.

(Korinther 13, 4-7)

Beglückt und erleichtert atme ich tief:
Gott brachte Hilfe, während ich schlief.

Der innere Druck konnte entweichen
Urvertrau'n konnt' mich erreichen.

Zärtlich hat's meine Seele berührt,
mich auf den richtigen Weg geführt.

Ich weiß, es wird sich alles fügen,
am Ende wird die Liebe siegen.

Die Liebe zu allem und jedermann,
die Liebe, die alles verzeihen kann.

Die Liebe, sie zeigt mir: auch ich bin ok,
selbst wenn ich nur meine Fehler seh'.

Ich kann meine Fehler überwinden,
und so zu innerem Frieden finden.

„Akzeptanz" heißt das Zauberwort,
von allem und jedem, an jedem Ort.

Die Liebe, sie spricht: Es ist wie es ist!
Ich umarme die Welt, vom Leben geküsst.

Unser Leib soll eine Einheit sein, in der jeder einzelne Körperteil für den anderen da ist. Leidet ein Teil des Körpers, so leiden alle anderen mit, und wird ein Teil geehrt, so freuen sich auch alle anderen.

Ihr alle seid der EINE Leib Christie, und jeder Einzelne von euch gehört als ein Teil dazu.

(Korinther 12, 25-27)

Jede Tat hat eine zweifache Auswirkung: eine Auswirkung auf mich selbst und eine Auswirkung auf meine Umwelt. Was auch immer ich tue oder eben NICHT tue: es wird immer Auswirkungen haben.

Bin ich ausnahmslos auf meinen eigenen Vorteil bedacht, dann schwäche ich damit unweigerlich die Gemeinschaft. Doch aus einer schwachen Gemeinschaft lassen sich früher oder später keine Vorteile mehr ziehen.

Wir alle sind Teil eines großen Ganzen. Sicher ist es richtig, für sich selber bestmöglich zu sorgen, aber: niemals auf Kosten anderer.

*

Achtsam und liebevoll möchte ich leben,
so kann ich allen das Beste geben.

Schenke ich Liebe, Verständnis und Glück,
dann fällt dies auch immer auf mich zurück.

*Und doch will ich jubeln, weil Gott mir hilft,
der Herr selbst ist der Grund meiner Freude!*

*Ja, Gott, der Herr, macht mich stark; er
beflügelt meine Schritte, wie eine Gazelle kann
ich über Berge springen.*

(Habakuk 3, 18-19)

Gestern war alles noch wunderbar

jetzt sitz' ich verzweifelt und mutlos da.

Ich fühl' mich schwach wie ein kleines Kind,

ich möchte frei werden wie der Wind.

Will leicht sein, den Problemen entschweben,

es gelingt mir heut' nicht - so ist das Leben!

Doch glücklicherweise fällt mir ein:

Auch damit bin ich nicht allein!

Gott beflügelt meinen Schritt,

Leichtigkeit schwingt wieder mit.

Ich werde kraftvoll und autark,

Gottes Liebe macht mich stark.

Der von Disteln überwucherte Boden entspricht einem Menschen, der die Botschaft zwar hört, aber die Sorgen des Alltags und die Verführungen durch den Wohlstand ersticken Gottes Botschaft, so dass keine Frucht wachsen kann.

Aber es gibt auch fruchtbaren Boden: den Menschen, der Gottes Botschaft hört und versteht, so dass er Frucht bringt, dreißig-sechzig- oder hundertfach.

(Matthäus 13, 22-23)

„Die Sorgen des Alltags ersticken Gottes
Botschaft, so dass keine Frucht wachsen kann"
Wie oft ist es mir im Alltag schon so ergangen.
Ich fühle mich erwischt!

Es scheint, als würde ich alle Gedanken, die
ganze mir zur Verfügung stehende Energie in
schwierigen Situationen oder Lebensphasen in
die SORGEN stecken, anstatt in die LÖSUNG.

Ich verändere meinen Blickwinkel. Anstatt
weiterhin wie paralysiert auf das Problem zu
starren, wende ich mich bewusst einen Moment
von den Sorgen ab – und Gott zu.

Ich wende mich an Gott mit einem Gebet:
„Herr, lass mich in deiner Liebe und in deinem
Licht für mich und für alle Betroffenen die
beste Lösung finden. Herr, lass mich die
Zeichen erkennen, die du gibst und deine
Worte verstehen. Inspiriere und erfülle mich
mit deiner heilbringenden Energie - zu meinem
Besten und zum Besten aller. Amen"

*

Jetzt verändere ich meine Sicht.
Lösung zeigt sich durch Gottes Licht.

*Wenn ihr in ein Haus eintretet, dann sagt:
„Friede sei mit euch allen!" Wollen die
Menschen Gottes Frieden annehmen, wird der
Friede, den ihr ihnen bringt, bei ihnen bleiben.
Lehnt man aber eure Friedensbotschaft ab,
dann wird auch Gottes Friede nicht in diesem
Haus sein.*

(Lukas 10, 5-6)

Suchmeldung: „Frieden verloren. Im täglichen Miteinander abhandengekommen. Wer hat den Frieden gesehen? Bitte abgeben in aller Menschen Herzen."

Frieden – eine Utopie? Schlägt man die Tageszeitungen auf, dann scheint es fast so. Was kann man tun? Sind wir überhaupt noch zu retten?

Lieber Gott, bewahre mich davor, meine Augen zu verschließen, mich bequem zurückzulehnen, und zu denken: Ich kann ja sowieso nichts tun. Ich kann etwas tun! Jeder von uns kann etwas tun!

Wir können Frieden schaffen in unseren eigenen Bereichen: zu Hause, in der Familie, am Arbeitsplatz, im nahen Umfeld, und - die sicherlich mit Abstand schwierigste Aufgabe: Frieden schaffen in uns selbst!

*

Mögen Unstimmigkeiten weichen.
Möge Frieden die Herzen erreichen.

Viele jammern: „ Wann wird es uns endlich besser gehen? Herr, lass uns deine Nähe erfahren, damit wir wieder aufatmen können!"

(Psalm 4, 7)

Du willst alles schaffen, du denkst: du musst.
Doch übrig bleibt dir am Ende nur Frust.

Frust, denn dein Pensum hast du nicht erreicht,
Wut, weil Erschöpfung nicht von dir weicht.

Du hattest dir so viel vorgenommen,
jetzt fühlst du dich kraftlos und benommen.

Gedanken wirbeln chaotisch im Kopf:
Schneid' ihn doch ab, den alten Zopf,

geflochten aus höchster Perfektion,
immer perfekt sein - wer kann das schon?

Zum Scheitern verurteilt von Anbeginn,
stets Funktionieren macht keinen Sinn.

Das Leben lehrt dich schnell begreifen:
auch Misserfolge lassen reifen.

Fehlschläge lenken den Blick nach innen,
Fehler lassen dich neu beginnen.

Verzage nicht, sondern bete zu Gott,
Gott wird sie lindern, deine Not.

Auf seine Hilfe kannst du bauen.
Stell' dich dem HEUTE voller Vertrauen!

Eines habe ich begriffen: Das größte Glück genießt ein Mensch in dem kurzen Leben, das Gott ihm gibt, wenn er isst und trinkt und es sich gut gehen lässt bei aller Mühe. Das ist sein einziger Lohn!

(Prediger 5, 17)

Das Glück, es kommt ganz unerwartet,
wenn man so gar nicht darauf achtet.

Auf einmal steht es vor der Tür,
flüstert leise: Ich bin doch HIER!

Fast hätte ich ihn nicht bemerkt,
diesen Augenblick, der die Seele stärkt.

Ein Moment voller Seligkeit,
macht sich in meinem Inneren breit.

Ich spüre nach, bin ganz erfüllt,
in wohlige Freude eingehüllt.

Wünschte mir, dass es immer so bliebe,
dieses Gefühl der umfassenden Liebe.

Im Herzen weiß ich, sie ist immer da,
doch sehe ich oft im Leben nicht klar.

Sorgen und Ängste machen sich breit,
vergiften wertvolle Lebenszeit.

Doch das Glück,
es kommt zurück!

In hellen Momenten, voll Poesie,
flüstert es sanft: Ich verlasse dich NIE.

Wir alle, die wir auf dem Weg zum Ziel sind, wollen uns so verhalten. Wenn ihr in dem einen oder anderen Punkt nicht meiner Meinung seid, wird Gott euch noch Klarheit und Einsicht schenken.

(Philipper 3, 15)

Wir können uns ewige Treue schwören,

doch werden wir niemals einander gehören.

Denn stärker als alle menschlichen Triebe,

ist die eine, die reine, die göttliche Liebe.

Diese Liebe, sie steht über allem,

beharrlich führt sie aus allen Fallen.

Auch wenn wir es noch nicht begreifen,

in Gottes Liebe werden wir reifen.

Wir alle folgen dem göttlichen Plan,

und Eins ist gewiss: WIR KOMMEN AN!

*Das eine aber wissen wir: Wer Gott liebt, dem
dient alles, was geschieht, zum Guten. Dies gilt
für alle, die Gott nach seinem Plan und Willen
zum neuen Leben erwählt hat.*

(Römer 8, 28)

Die letzten Tage, so voller Leid,
ganz ohne Grund eine dunkle Zeit.

Der Körper so kraftlos, der Akku leer,
das Leben, der Alltag – alles zu schwer.

Die Batterie springt nicht mehr an.
Nichts, was mich beflügeln kann.

Will mich verkriechen, will nicht mehr sein,
mache mich unsichtbar, mache mich klein.

Fühle mich krank, ganz ohne Symptom,
werde ganz still – wer versteht mich schon?

Ich schaue sie an, diese Kraftlosigkeit,
die mich überkommt von Zeit zu Zeit.

Jetzt wird mir klar: auch sie ist Geschenk,
damit ich mich ganz in mich selber versenk'.

In meinem Inneren kann ich Gott finden,
Sorgen und Nöte werden dann schwinden.

Triumph über eine schwere Zeit,
ich finde ihn durch Gottes Geleit.

Wie schön und angenehm ist es, wenn Brüder in Frieden zusammenleben! Das ist so wohltuend wie duftendes Öl, das auf den Kopf des Priesters Aaron gegossen wird und nun herunterrinnt in seinen Bart, bis zum Halssaum seines Gewandes. Es ist so wohltuend wie frischer Tau, der vom Berg Hermon auf die Berge Zions niederfällt. Ja, dort schenkt der Herr seinen Segen und Leben, das niemals aufhört.

(Psalm 133, 1-3)

Meine Schwester kocht mir eine frische, heiße Möhrensuppe. Köstlich! Seelennahrung pur! „Extra für dich" sagt sie, und füllt mir einen großen Teller voll. Weil es mir so gut schmeckt, gibt sie mir das Rezept mit, damit ich mir die Suppe zu Hause nachkochen kann, wenn ich Lust darauf habe.

Ich habe Lust darauf! Wieder und wieder koche ich mir Möhrensuppe, doch sie schmeckt nie so köstlich wie die von meiner Schwester. Ich halte mich strickt an das Rezept, doch es gelingt mir trotzdem nicht. Wieso? Weil mir eine ganz essentielle Zutat fehlt - die „extra für dich" Zutat!

Extra für dich – das ist Zuwendung, das ist Wertschätzung, das ist gelebte Liebe. Extra für dich heißt: ich sehe dich, ich nehme dich wahr, du bist mir wichtig, ich schenke dir meine Zeit, ich unterstütze dich, ich liebe dich. Das tut so gut! Welche Botschaft könnte schöner sein?

*

Eigene Sorgen stell' ich jetzt zurück,
heut' schenke ich jemand anderem Glück.

Herr, ich bin nicht hochmütig und schaue nicht auf andere herab. Ich maße mir nicht an, deine Geheimnisse und Wunder zu ergründen. Ich bin zur Ruhe gekommen. Mein Herz ist zufrieden und still. Wie ein Kind in den Armen seiner Mutter, so ruhig und geborgen bin ich bei dir!

(Psalm 131, 1-2)

In Gottes Liebe wohlig geborgen,

verblassen meine größten Sorgen.

Seine Worte – so innig, besonnen,

seine Botschaft – angekommen.

Jederzeit ist er für mich da,

seine Liebe ist rein und wahr.

Ich kann mich stets auf ihn verlassen,

er lässt selbst Dunkelheit verblassen.

Bin ich verzweifelt, wird er nicht weichen,

wird tröstend meine Seele streicheln.

Ich kann seine Wunder nicht ergründen,

weiß nur: mit ihm wird alles sich finden.

Auch in der allergrößten Not,

finde ich Trost und Heil in Gott.

Er schenkt mir Geborgenheit,

von jetzt an bis in Ewigkeit.

Kommt alle her zu mir, die ihr euch abmüht und unter eurer Last leidet! Ich werde euch Ruhe geben. Lasst euch von mir in den Dienst nehmen, und lernt von mir! Ich meine es gut mit euch und sehe auf niemanden herab. Bei mir findet ihr Ruhe für euer Leben. Mir zu dienen ist keine Bürde für euch, meine Last ist leicht.

(Matthäus 12, 28-30)

Jahr für Jahr gute Arbeit gemacht,
perfekt funktioniert, es zu etwas gebracht.
Verständnis und Anerkennung gesucht,
schwierige Zeiten heimlich verflucht.
Jeden Tag fleißig weiter gemacht,
von morgens um sechs bis abends um acht.

Wollte alles „richtig" machen,
verlor dabei mehr und mehr das Lachen.
Ansprüche, Zwänge wurden zu Bergen,
Wunscherfüllungen wurden zu Zwergen.
Gefangen im Karussell des Lebens,
Ausbruchversuche: meist vergebens.

Arbeitsroutine nimmt ihren Lauf,
der Alltag frisst die Seele auf.
Dann, durch Krankheit oder Leid:
Konfrontation mit der Endlichkeit.
Neue Gedanken machen sich breit,
Reflektion auf gelebte Zeit.

Wann hab' ich das letzte Mal herzhaft gelacht?
Wann hab' ich gespielt, wann Verrücktes gemacht?
Höchste Zeit für eine Wandlung,
Schluss mit angepasster Handlung.
Perfekt funktionieren hat's nicht gebracht.
Dem Himmel sei Dank: Endlich erwacht!

Es ist doch so: Wenn ich eine Arbeit leiste, habe ich Anspruch auf Lohn. Er ist kein Geschenk, sondern ich habe ihn mir verdient. Aber bei Gott ist das anders. Bei ihm werde ich nichts erreichen, wenn ich mich auf meine Taten berufe. Nur wenn ich Gott vertraue, der den Gottlosen von seiner Schuld freispricht, kann ich vor ihm bestehen. Davon hat schon König David gesprochen, als er den Menschen glücklich nannte, der von Gott ohne jede Gegenleistung angenommen wird.

(Römer 4, 4-6)

Ich erwache voller Freude: Heute ist MEIN Tag! Aufgeregt wie ein Kind tauche ich ein in eine Fülle von Möglichkeiten, die ich heute entdecken könnte. Ein ganzer Tag – ganz alleine nur für mich – herrlich!

Dieses Gefühl von Zeit, von Freiheit, von sich treiben lassen dürfen…es ist unbeschreiblich kostbar. Einen Tag lang nicht funktionieren, nicht produktiv sein, nichts denken, nichts machen, nichts tun – einen Tag lang faul sein dürfen mit gutem Gewissen und lachender Seele, das ist einfach unbeschreiblich. Ein Glücksgefühl macht sich in mir breit: Heute gehöre ich ganz allein mir!

Was fange ich an mit diesem Tag? Nein, nein, bloß keine Pläne schmieden! Die Köstlichkeit des Augenblicks genießen, eine schöne Musik hören, eine Kerze anzünden, einen frischen Kaffee trinken. Mir Zeit nehmen, um in mich hineinzuhorchen, auftanken … einfach SEIN.

Gott braucht keine Gegenleistung!

Bei allem, was ihr tut, hütet euch vor Nörgeleien und Zweifel. Dann wird euer Leben hell und makellos sein, und ihr werdet als Gottes vorbildliche Kinder mitten in dieser verdorbenen und dunklen Welt leuchten wie Sterne in der Nacht.

(Philipper 2, 14-15)

Sie stehen am Himmel
in voller Pracht,

Sterne sind Lichtbringer
in der Nacht.

Sie erhellen die Wege
mit ihrem Funkeln.

Ohne ihr Leuchten
sind wir im Dunkeln.

So wie die Sterne,
so will ich strahlen,

ich möchte vernichten,
der Dunkelheit Qualen.

Mag Gott durch mich wirken,
sein Licht verströmen.

Mögen die Menschen
sich alle versöhnen.

Dort wo das Licht
am Horizont fehlt,

da will ich Stern sein
für diese Welt.

Weshalb lasst ihr euch vorschreiben: „ Du darfst dieses nicht anfassen, jenes nicht essen und ganz bestimmte Dinge nicht berühren"? Sie alle sind doch dazu da, dass man sie für sich nutzt und verzehrt. Warum also lasst ihr euch noch Vorschriften von Menschen machen?

Möglich, dass manche, die danach leben, den Anschein von Weisheit erwecken, zumal sie fromm wirken, sich bescheiden geben und bei asketischen Übungen ihren Körper nicht schonen. Doch das alles bringt uns Gott nicht näher, sondern es dient ausschließlich menschlichem Ehrgeiz und menschlicher Eitelkeit.

(Kolosser 2, 21-23)

Wie beruhigend: ich muss nicht fasten, mir keine Genüsse verbieten, nicht asketisch leben, um Gott zu zeigen, wie wichtig er mir ist. Ich muss „Frömmigkeit" nicht dokumentieren, muss keinen Schein waren, mich keiner menschlichen Macht unterwerfen.

Nein, für mich ist ganz klar: Gott ist meine in und aus Liebe gewählte höchste Instanz, Gott ist der „Boss"! Er ist der einzige, der die Fähigkeit hat, das Projekt „Leben" zu leiten und zu einem erfolgreichen Abschluss zu bringen.

Gott ist mein Regisseur, nur mit IHM habe ich einen festen Vertrag! Ich spiele die Rolle meines Lebens. Zugegeben, manchmal vergesse ich meinen Text oder meinen Einsatz, manchmal kollidiere ich mit den anderen Akteuren oder stehe auf der falschen Bühne. Während des Spielverlaufs gibt es immer wieder Auseinandersetzungen mit anderen, die mich in meiner Rolle zurechtweisen, aber ich halte mich lieber an die Anweisungen des Regisseurs, unter seiner Leitung finde ich die für mich einzig richtige Korrektur.

*Der Herr ist gnädig und barmherzig; seine
Geduld hat kein Ende, und seine Liebe ist
grenzenlos!*

*Der Herr ist gut zu allen und schließt
niemanden von seinem Erbarmen aus, denn
er hat allen das Leben gegeben.*

(Psalm 145, 8-9)

Du, Herr, kannst meine Seele regen,

du stärkst mich auf allen Wegen.

Selbst wenn ich nichts erreichen kann,

du nimmst mich stets in Liebe an.

Es tut so gut getragen zu werden,

durch alle Tiefen hier auf Erden.

Ich will es dir gleichtun, geliebter Gott,

auch ich will Licht sein in der Not.

Lasse mich Licht sein für jedermann,

egal, was er tut oder nicht tun kann.

Reine Liebe soll mich stets lenken,

Herr, lasse mich Freude schenken.

Jesus kam mit seinen Jüngern in ein Dorf, wo sie bei einer Frau aufgenommen wurden, die Marta hieß. Maria, ihre Schwester, setzte sich zu Jesu Füßen hin und hörte ihm aufmerksam zu. Marta aber war unentwegt mit der Bewirtung ihrer Gäste beschäftigt.

Schließlich kam sie zu Jesus und fragte: „Herr, siehst du nicht, dass meine Schwester mir die ganze Arbeit überlässt? Kannst du ihr nicht sagen, dass sie mir helfen soll?" Doch Jesus antwortete ihr: „Marta, Marta, du bist um so vieles besorgt und machst dir so viel Mühe. Nur eines aber ist wirklich wichtig und gut! Maria hat sich für dieses eine entschieden, und das kann ihr niemand mehr nehmen."

(Lukas 10, 38-42)

Wer kennt sie nicht, diese innere Empörung, wenn alles wieder einmal an einem selber hängen bleibt, derweil andere keinen Finger rühren und es sich in aller Seelenruhe einfach nur gut gehen lassen …

Sich viel Mühe machen, pausenlos arbeiten, sich um alles sorgen und kümmern - gehört das nicht zu den guten Tugenden? Jesus sagt: „Marta, Marta, du bist um so vieles besorgt und machst dir so viel Mühe. Nur eines aber ist wirklich wichtig und gut! Maria hat sich für dieses eine entschieden, und das kann ihr niemand mehr nehmen." Was meint er damit? Ist das eine Art Freifahrschein für Müßiggang?

Ich glaube, es ist eher die Ermutigung, auf das zu hören, was unsere innere Stimme sagt, selbst wenn wir damit bei anderen anecken. Es ist eine Aufforderung zum Innehalten. Sein statt Schein! Botschaften der Seele – wir hören sie nicht im Aktionismus, sondern im Innehalten.

*

Ganz in Ruhe nach innen lauschen,
Gottes Wort wird mich berauschen.

Darum sage ich euch: Bittet Gott, und er wird euch geben! Sucht, und ihr werdet finden! Klopft an, und euch wird die Tür geöffnet! Denn wer bittet, der bekommt. Wer sucht, der findet. Und wer anklopft, dem wird geöffnet.

(Lukas 11, 9-10)

Die Anleitung

für's rechte Leben,

Jesus hat sie uns gegeben:

„Bittet, suchet

und klopft an,

damit Gott euch führen kann."

*

Das Ziel des Lebens

lässt sich ergründen,

im Suchen und Finden.

Am besten ist's

wir laden Gott ein

unser Mentor zu sein!

Denn du hast mir immer geholfen; ich preise dich, unter deinem Schutz bin ich sicher und geborgen.

(Psalm 63, 8)

Bald ist es zu Ende, das alte Jahr,
das mir guter und schlechter Begleiter war.

Gefordert hat es mich Tag für Tag,
unbeeindruckt davon, ob ich das mag.

Hat mir glückliche, lichtvolle Zeiten geschenkt,
meine Aufmerksamkeit auf das Gute gelenkt.

Und dann, unvermittelt: Dunkelheit,
schwere, schmerzhafte, traurige Zeit.

Ich wollte sie nicht an mich lassen,
doch sie bekam mich immer zu fassen.

Dunkle Wolken versperrten die Sicht,
doch die andere Seite von Schatten ist Licht.

Ich musste da durch, das weiß ich heute,
jetzt akzeptier' ich auch diese Seite.

Sie hat mir Erkenntnis und Reife geschenkt,
zu jeder Zeit sicher von Gott gelenkt.

Das alte Jahr verabschiedet sich,
das Neue ist schon in greifbarer Sicht.

Was soll ich mir wünschen, jetzt fällt's mir ein:
Im neuen Jahr mag ich ein Glückspilz sein!

Ich wünsche euch vielmehr, dass ihr in eurem Leben immer mehr die unverdiente Liebe unseres Herrn und Retters Jesus Christus erfahrt und ihn immer besser kennen lernt. Denn ihm allein gehört alle Ehre – jetzt und in Ewigkeit! Amen.

(2. Petrus 3, 18)

Jesus Christus, du bist mein Streben,

führe du mich durch mein Leben.

Herr, inspiriere meine Gedanken,

löse Blockaden, öffne Schranken.

Deine Liebe, Herr, sei mein Geleit,

mag sie mich führen durch alle Zeit.

Du bist mein Retter in der Not,

du bringst alles zurück ins Lot.

Mein Leben nimmt eine gute Wendung,

denn du schenkst Liebe in Vollendung.

Quellennachweis:

Über die Autorin:

Sabine Gehlen, geboren 1958, ist Autorin, Heilpraktikerin und Autosuggestionstrainerin in eigener Praxis. Ihre Hauptaufgabe sieht sie darin, Menschen dabei anzuleiten und zu unterstützen, sich selbst zu helfen. Als gläubige Christin bezieht sie ihre Inspiration für ihre tägliche Arbeit aus den Worten Gottes. Mit viel Liebe und Einfühlungsvermögen erarbeitet sie mit den Betroffenen gemeinsam individuelle Lösungskonzepte für ein Leben in Gesundheit und Wohlbefinden.

http://sabinegehlen.jimdo.com
www.naturheilpraxis-gehlen.de

Sabine Gehlen: Zwischen Himmel und Erde
ISBN: 978-3-8423-3815-9

Zwischen Himmel und Erde … und immer neuen Möglichkeiten – Inspirationen aus dem Leben für das Leben. Ein Buch, das Mut machen möchte, der inneren Stimme zu folgen und so den ganz persönlichen Lebensplan zu erkennen und zu verwirklichen. Ein Buch, um die eigene innere Melodie der Seele aufzuspüren und zum Klingen zu bringen mit Hilfe des besten Konzertmeisters aller Zeiten: mit Gott. In 12 Kapiteln werden essentielle Lebensthemen beleuchtet. In unaufdringlicher Weise laden die authentischen Erfahrungsberichte dazu ein, das eigene Leben zu reflektieren. Es geht um die bewusste Gestaltung der Lebenszeit, um Entwicklungsmöglichkeiten, um die Kraft der Liebe, um Vergebung, um Bewertung, um Kommunikation und um die Freisetzung der eigenen Schaffenskräfte. Am Ende jedes Kapitels werden die Leitgedanken übersichtlich „auf den Punkt" gebracht.

Der zweite Teil des Buches ist ein Übungsteil mit positiven Formeln für das Unterbewusstsein. Die Autosuggestionssätze in Reimform geben die Möglichkeit, direkt mit der Programmierung des Unterbewusstseins zu beginnen und durch tägliche geistige Übungen innerlich die Tür zu öffnen für immer neue Möglichkeiten…

Sabine Gehlen: Vom Leben berührt
Glücklich sein im Hier und Jetzt
ISBN: 978-3-8482-1204-0

Glücklich sein im Hier und Jetzt – keine leichte Angelegenheit! Wünsche, Sehnsüchte und eigene Vorstellungen stehen häufig im krassen Gegensatz zur Wirklichkeit. Sorgen und Probleme lassen oft nicht mehr genügend Raum für Glück und ungezügelte Lebensfreude. Und doch liegt gerade in persönlichen Krisen ein großes Potential, verborgene Fähigkeiten in sich selbst zu entdecken und das Leben in einer neuen Sicht zu sehen.

Vom Leben berührt – das Buch lädt dazu ein, persönliche Erfahrungen und Empfindungen zu reflektieren, um in schwierigen Situationen versteckte Möglichkeiten aufzuspüren. Wie das gelingt? Durch eine veränderte Betrachtungsweise! Die aufgeführten Gedanken, Gedichte und Berichte wollen dazu inspirieren, sich den Herausforderungen des Lebens mutig und vertrauensvoll zu stellen und auch in scheinbar ausweglosen Situationen lösende, Heil bringende Perspektiven zu entdecken. Lassen Sie sich berühren: vom Leben - von der Liebe - von Gott.